ALICE
OU L'ANGE DU FOYER.

COMÉDIE-VAUDEVILLE EN UN ACTE

Par MM. SAINT-YVES et ÉMILE COLLIOT

Représentée, pour la première fois, à Paris, sur le théâtredes FOLIES-DRAMATIQUES,
le 23 novembre 1852.

PRIX : 60 CENTIMES.

Paris

BECK, LIBRAIRE, RUE DES GRANDS-AUGUSTINS, 20
TRESSE, successeur de J.-N. BARBA, Palais-Royal.

—

1852

ALICE

OU

L'ANGE DU FOYER

COMEDIE-VAUDEVILLE EN UN ACTE,

De MM. SAINT-YVES et ÉMILE COLLIOT,

Représentée, pour la première fois, à Paris, sur le théâtre des FOLIES-DRAMATIQUES
le 23 Novembre 1852.

PERSONNAGES.	ACTEURS.
D'AVRIGNY..	M. MANUEL.
HORTENSE, sa femme..........................	Mlles BERGEON.
ALICE, leur fille................................	HÉLÉNA.
DUPONCEAU, avoué...........................	M. BARRÉ.
JULIETTE, domestique de madame d'Avrigny.........	Mlle BLANCHE.

La scène se passe, à Paris, chez madame d'Avrigny.

Un salon élégant, portes au fond et latérales ; à gauche, une table avec tout ce qu'il faut pour écrire; à droite, un guéridon avec tout ce qu'il faut pour dessiner; du même côté, une glace psyché.

SCÈNE PREMIÈRE.

HORTENSE, ALICE, JULIETTE.

Hortense, assise à la table, à gauche, parcourt avec impatience plusieurs papiers. Alice, devant la glace, à droite, achève sa toilette avec le secours de Juliette.

HORTENSE, *tournant une page.* Des chiffres!.. toujours des chiffres!... comme si M. Duponceau, mon avoué, no pouvait pas m'épargner cette fatigue!..

ALICE, *à la glace.* Dépêchez-vous donc, Juliette... il y a une heure que vous me tenez là...

JULIETTE. J'ai fini à l'instant.

HORTENSE, *à elle-même.* Depuis près de quinze ans que je suis seule, je n'ai pas encore pu m'y habituer...

JULIETTE. Là... v'là ce que c'est...

ALICE. Enfin .. (*A Hortense.*) Maman, quand tu voudras me donner ma leçon de dessin...

HORTENSE. Mon enfant, tu vois bien que je suis occupée.

ALICE. C'est que c'est l'heure de tous les jours, mais j'attendrai... en travaillant à mon feston... Juliette, l'avez-vous vu?..

JULIETTE. Ma foi, non... (*Elles cherchent toutes deux.*)

HORTENSE, *trouvant une lettre parmi les papiers.* O mon Dieu!... est-ce possible!.. l'écriture de M. d'Avrigny... de mon mari... quel espoir!.. (*Regardant la suscription, et avec regret.*) Elle est adressée à M. Duponceau... (*Elle lit bas.*)

ALICE, *trouvant son feston.* Ah! le voilà!..

JULIETTE. Ce n'est pas malheureux. (*Elle sort.*)

HORTENSE, *après avoir lu.* Ruiné!.. complétement ruiné!.. (*Elle se lève.*) Oh! il a eu raison de compter sur moi... car je ne puis laisser dans la misère le père de mon enfant.

ALICE, *qui s'est approchée.* Qu'as-tu dit ?.. cette lettre!.. elle serait de mon père!.. il te donne donc enfin de ses nouvelles... quel bonheur!

Air de l'*Anonyme.*
Depuis quinze ans, moi j'attends et j'espère,
Et, j'en conviens, en guettant son retour,

Au fond du cœur, j'amasse pour mon père,
Sans t'en parler, bien des trésors d'amour ;
Quand si longtemps toi seule eus ma tendresse,
Tu ne dois pas m'en vouloir aujourd'hui ;
Car il me semble, ayant tant de richesse,
Que tu peux bien partager avec lui.

HORTENSE. Alice... mon enfant... tu es dans l'erreur...

SCÈNE II.

LES MÊMES, DUPONCEAU.

DUPONCEAU, *accourant.* Je vous l'amène... il est sur mes talons.

ALICE. Qui ça ?

DUPONCEAU. M. d'Avrigny...

ALICE. Mon père...

HORTENSE, *vivement.* C'est impossible... M. Duponceau se trompe... cette lettre en est la preuve.

DUPONCEAU. Cette lettre... mais...

HORTENSE, *avec intention.* Si vous saviez ce qu'elle contient, vous auriez pu épargner à ma fille et à moi une espérance qui ne doit pas se réaliser...

DUPONCEAU. Pardon, Madame... du moment que... en effet... (*A part.*) Il paraît que j'ai fait une balourdise...

HORTENSE. Du reste, je suis bien aise de vous voir... car j'ai à vous consulter... (*A Alice.*) Laisse-nous, mon enfant.

ALICE, *à part.* On fait du mystère avec moi, je le vois bien.

DUPONCEAU, *à Alice.* Toujours de plus en plus gentille.. il faudra bientôt que nous cherchions un mari... Ernest, mon maître clerc, en faisait ces jours-ci la remarque.

ALICE, *baissant les yeux.* M. Ernest !..

HORTENSE. Alice !..

ALICE. Je m'en vais, maman... je m'en vais... (*A part.*) Mais je reviendrai...

ENSEMBLE.
Air des *Diamants.*

HORTENSE ET DUPONCEAU, *à part.*
Devant elle il faut se taire,
Elle ne doit rien savoir !
Lorsqu'il s'agit de son père,
La prudence est un devoir !

ALICE, *à part.*
Devant moi l'on veut se taire,
Et je ne dois rien savoir,
Mais il s'agit de mon père,
Et je connais mon devoir !

(*Elle sort.*)

SCÈNE III.

HORTENSE, DUPONCEAU.

HORTENSE, *vivement.* Qu'avez-vous dit, Monsieur ?.. vous précédez mon mari ?..

DUPONCEAU. Ah çà !.. faut-il, cette fois, m'expliquer avec franchise ?..

HORTENSE. Sans doute... ma fille n'est plus là... et si son père ne doit point la voir pendant son séjour à Paris, du moins elle ignorera qu'il y est venu.

DUPONCEAU. Le fait est qu'il n'attend que votre signature pour repartir...

HORTENSE. Et si je la lui refusais ?..

DUPONCEAU. Fameuse inspiration !.. pour qu'il soit sans cesse sur vos pas... impérieux... exigeant... Un homme qui n'a pas su apprécier le trésor qu'il possédait... un homme dont il a fallu vous séparer au bout d'un an de ménage, pour cause d'incompatibilité d'humeur...

HORTENSE. S'il avait des torts, j'ai eu les miens aussi... nous étions tous deux si jeunes... mais depuis...

DUPONCEAU. Depuis ?.. ses défauts n'ont fait que croître et embellir... j'ai pris des informations... ce n'est pas seulement dans les affaires qu'il a perdu sa fortune... il en a englouti la plus grande partie dans les dissipations les plus monstrueuses... le jeu... les chevaux... les maîtresses... les maîtresses surtout !..

HORTENSE. On l'a peut-être un peu calomnié...

DUPONCEAU. Joignez à cela une volonté, ou plutôt, un entêtement... et des colères... il paraît que, là-bas, il battait tout le monde... même les femmes... une habitude américaine qu'il a contractée tout doucement.

HORTENSE. Mais c'est affreux... Savez-vous, mon cher monsieur Duponceau, que vous commencez à m'effrayer...

DUPONCEAU. Je le regrette... mais c'est mon devoir !..

HORTENSE. Sans compter que, depuis votre mariage, c'est-à-dire depuis cinq ans, vous me prêchez d'exemple...

DUPONCEAU. Effectivement, plus d'une fois... dans mes moments perdus... je n'ai pu m'empêcher d'admirer la sympathie mystérieuse qui semble exister entre votre destinée et la mienne... Séparé de madame Duponceau... comme vous l'êtes de M. d'Avrigny... depuis quatre ans et demi sur cinq, je bénis chaque jour le ciel du parti que ma femme et moi avons pris... à l'amiable... Est-il rien de si doux que cette espèce de divorce consenti de part et d'autre... sans tiraillements et sans combats ?.. On ne s'accorde plus... on se quitte... La femme voyage... le mari n'est pas obligé de rendre la dot... il garde son étude... et escamote ainsi le scandale d'une séparation judiciaire.

HORTENSE. Cependant, si j'ai bonne mémoire, madame Duponceau est revenue plusieurs fois au logis conjugal...

DUPONCEAU. Quatre fois en quatre ans... mais sans que cela ait eu d'autres suites qu'une nouvelle

séparation au bout d'un mois, et un nouveau sur-
croît de famille au bout de neuf.

HORTENSE. De sorte que, pour peu que cela
continue...

DUPONCEAU. Oh! Dieu merci!.. voilà dix mois
que nous n'avons eu le plaisir de nous voir, et
cette fois...

Air de l'*Héritière*.

J'en ai fait le serment, Madame,
Plus jamais de rapprochement ;
Car je trouve, je le proclame,
Trop cher le raccommodement :
Le prix en est exorbitant.
Vrai, ce serait une sottise,
Quand mes sentiments sont blessés,
De souffrir encore que l'on dise
Que j'ai payé les pots cassés.

HORTENSE. Vous avez bien raison. Mais puisque
vous précédez M. d'Avrigny, vous permettrez que
j'aille me préparer à le recevoir.

DUPONCEAU. De la toilette... pour lui!.. ah!
Madame!..

HORTENSE. Parce que c'est mon mari, ce n'est
pas une raison pour lui faire peur...

DUPONCEAU. Mais vous êtes très-bien...

HORTENSE. Pour vous, qui êtes un ami... mais
pour un étranger...

Air : *Polka de la Loi salique.*

Il faut, je le pense,
Moins de négligence
Devant la présence
D'un mari
Que d'un ami !

ENSEMBLE.

Il faut, je le pense, etc.
DUPONCEAU.
Il faut, je le pense,
Plus de négligence, etc.
(*Hortense sort par la gauche.*)

SCÈNE IV.

DUPONCEAU, *puis* ALICE.

DUPONCEAU, *seul.* Oh! les femmes! les femmes!..
en fait de coquetterie, elles se ressemblent toutes...
à commencer par la mienne... et à finir par celle-
ci... Elle va voir son mari... elle va faire l'aimable... et qui sait?.. peut-être qu'un inconce-
vable rapprochement... Que faire? mon Dieu!
que faire?

ALICE, *reparaissant avec précaution, et à part.*
Il est seul... si j'essayais de savoir...

DUPONCEAU, *à lui-même.* Il faut que j'aille à sa
rencontre pour l'empêcher... (*En se retournant,
il se rencontre avec Alice.*)

ALICE. Monsieur Duponceau...

DUPONCEAU, *à part.* La fille, à présent. (*Haut.*)
Pardon, Mademoiselle... je suis pressé...

ALICE. Vous allez au-devant de mon père?..

DUPONCEAU. Hein!.. comment sait-elle?..

ALICE. C'est donc vrai?.. il va venir... je vais
le voir... depuis si longtemps que je le désire...
que je n'ai pas d'autre pensée... oh! je ferai si
bien... qu'il ne pourra plus me quitter... et qu'il
restera auprès de ma mère...

DUPONCEAU, *à part.* Il ne manquait plus que
ça... ma foi!.. il n'y a que ce moyen... (*Haut.*)
Eh bien! oui, Mademoiselle... oui, votre mère
attend M. d'Avrigny... mais c'est un secret...

ALICE. Un secret!.. comme si une femme avait
besoin de se cacher pour recevoir son mari.

DUPONCEAU. Sans doute... un mari comme un
autre... mais lui...

ALICE. Je ne vous comprends pas...

DUPONCEAU. Eh! mon Dieu!.. M. d'Avrigny est
mon client... je ne veux pas en dire du mal... mais
vous comprenez... un homme qui est si peu marié...
et qui a passé toute sa vie loin de sa femme et de
son enfant... la famille n'est pas son fait.

ALICE. Parce qu'il n'en soupçonne pas les avan-
tages... mais quand il connaîtra sa fille... quand
il se sera bien laissé câliner par elle...

DUPONCEAU, *avec ironie.* Alors... il ne pourra
plus s'en priver... et, un beau jour, il la fera voyager avec lui... et la séparera de sa mère!..

ALICE. Quitter ma mère!.. oh! jamais!

DUPONCEAU. S'il le veut, cependant... c'est son
droit...

ALICE. Oh!.. moi qui me faisais une fête de le
voir... et voilà que maintenant...

DUPONCEAU. Maintenant?..

D'AVRIGNY, *dans la coulisse.* C'est bon... je
saurai bien m'annoncer tout seul.

ALICE. O mon Dieu!.. on vient!..

DUPONCEAU. C'est lui!.. c'est sa voix!

ALICE. Je n'ose l'attendre...

DUPONCEAU. Il approche.

ALICE. Je me sauve!.. (*Elle sort par la droite.*)

SCÈNE V.

DUPONCEAU, D'AVRIGNY, JULIETTE.

DUPONCEAU, *d'abord seul.* Ouf!.. je n'ai pas trop
mal plaidé ma cause... pour un avoué!..

JULIETTE, *précédant d'Avrigny.* Quand je vous
dis, Monsieur, que Madame n'est pas visible...

D'AVRIGNY. J'attendrai... eh! justement, voilà
ce cher M. Duponceau, qui me tiendra compagnie.

JULIETTE. Mais quel nom dirai-je à Madame?..

D'AVRIGNY. Le sien..., ou plutôt celui de son
mari...

JULIETTE, *à part.* Le mari!..

DUPONCEAU. Allez, Juliette... votre maîtresse est
prévenue.

JULIETTE. C'est différent!... (*Elle sort par la gauche.*)

D'AVRIGNY. C'est donc vous qui m'avez annoncé?.. merci...

DUPONCEAU. Il n'y a pas de quoi!.. car si vous aviez voulu suivre mes conseils, je vous aurais épargné le désagrément de voir votre femme...

D'AVRIGNY. Elle est donc bien changée?..

DUPONCEAU. Ah bien, oui!.. c'est-à-dire qu'elle tâchera de vous éblouir par ses grâces, par sa toilette... pour vous faire retomber dans ce dur esclavage, dont vous avez si énergiquement brisé les chaînes.... et je vous plaindrais... Une femme dont je ne veux pas dire de mal... elle est ma cliente... mais un caractère!..

D'AVRIGNY. Oui... oui... je sais...

DUPONCEAU. Une légèreté...

D'AVRIGNY. Je m'en doute...

DUPONCEAU. Et une coquetterie, que le temps n'a fait qu'accroître...

D'AVRIGNY. Vous m'avez dit tout cela dans votre correspondance.

DUPONCEAU. Et cela ne vous a pas arrêté?..

D'AVRIGNY. Faites-vous donc tant de façons pour recevoir madame Duponceau, lorsque la brebis veut rentrer au bercail?..

DUPONCEAU. Monsieur, la brebis n'y rentrera plus... voilà dix mois que je jouis définitivement des douceurs de la séparation... et je vous souhaite la même béatitude...

D'AVRIGNY. Vous êtes trop bon...

DUPONCEAU. Voyons... il en est temps... encore.

D'AVRIGNY. Duponceau, je crois que j'entends ma femme ..

DUPONCEAU. Préparons-nous à la recevoir...

D'AVRIGNY. Non... pas vous... adieu... mon bon... adieu !..

DUPONCEAU. C'est donc bien décidé?

D'AVRIGNY. Très-décidé... allez...

DUPONCEAU, *à part.* Alors, je ne m'éloigne pas!.. (*Il sort par le fond.*)

SCÈNE VI.

D'AVRIGNY, HORTENSE.

D'AVRIGNY, *seul.* Je ne suis pas fâché de juger par moi-même... la voici!..

HORTENSE. C'est lui!

D'AVRIGNY. Comme mon cœur bat!

HORTENSE, *à part.* J'éprouve une émotion...

D'AVRIGNY, *s'approchant.* Madame...

HORTENSE, *lui faisant signe de s'asseoir.* Vous avez désiré avoir un entretien avec moi... Monsieur, parlez, je vous écoute... (*Elle s'assied auprès de la table.*)

D'AVRIGNY. Oh! mon Dieu!.. c'est bien simple, Madame... Il y a quelques années, en pronon-

çant une douloureuse, mais nécessaire séparation, les tribunaux ont décidé que nous aurions la libre disposition de nos biens...

HORTENSE. En effet...

D'AVRIGNY. Vous n'exigerez pas, Madame, que je vous rende un compte exact de la manière dont j'ai cru devoir disposer de la part qui me revenait...

HORTENSE. Je n'aurai pas cette indiscrétion...

D'AVRIGNY. Ce que je me bornerai à vous dire, c'est qu'en quittant, il y a quatorze ans, la France, pour aller m'établir aux États-Unis, j'étais guidé dans mon désir d'augmenter ma fortune, bien moins par une pensée d'ambition personnelle, que par l'espoir de contribuer un jour au bonheur de... ma fille...

HORTENSE, *avec ironie.* Votre fille!.. quoi! vous avez eu une pensée pour elle!..

D'AVRIGNY. Et pour qui donc me serais-je condamné aux rigueurs de l'exil, aux fatigues du travail, puisqu'il ne m'était plus permis de donner à mon existence un autre but... qui eût doublé mon courage ?..

HORTENSE. Monsieur...

D'AVRIGNY. Par malheur, le ciel n'a pas béni mes entreprises, et il ne me reste plus aujourd'hui que la moitié de cette propriété, que la loi n'a pu diviser... comme le reste... et que je ne puis aliéner sans votre consentement...

HORTENSE. Et... c'est ce consentement que vous venez chercher, Monsieur P..

D'AVRIGNY, *se levant.* Aurais-je eu tort d'y compter, Madame?

HORTENSE, *de même.* Je ne dis pas cela... précisément... mais, en supposant que je me rende à vos désirs, votre intention est sans doute de vous expatrier de nouveau... pour recommencer les spéculations qui vous ont été si fatales...

D'AVRIGNY. Quand cela serait... quels regrets laisserais-je après moi?..

Air d'Yelva

Vous le savez, je n'ai plus de patrie!,
Des amis!.. je les ai perdus!
Promptement l'absence s'oublie...
Une femme!.. je n'en ai plus.
Hélas! sur la rive étrangère,
La patrie est au voyageur
Celle qui seule, au sein de sa misère,
Peut rendre la paix à son cœur!

HORTENSE, *vivement.* Et... si je ne consens pas?

D'AVRIGNY. Alors, je me verrai forcé de rester à Paris... Mais je suis certain que vous ne refuserez pas de signer ce petit projet que j'ai préparé à l'avance... (*Il lui présente un papier.*)

HORTENSE, *le refusant.* Permettez-moi, Monsieur, de ne pas en prendre connaissance, car ma résolution est prise, je vous refuse cette signature.

D'AVRIGNY. C'est donc à dire que vous avez juré ma ruine?

HORTENSE. J'ai juré de ne pas la consommer par une faiblesse hors de saison...

D'AVRIGNY. Mais c'est plus que de l'indifférence, Madame... c'est de la haine.

HORTENSE. De la haine!

D'AVRIGNY, à part. Ah!.. Duponceau n'avait que trop raison... Essayons encore... (Haut.) Après tout, que m'importe?.. j'ai des droits, et si vous persistez à repousser ma demande, je saurai bien les faire valoir...

HORTENSE. Des droits?.. et lesquels?..

D'AVRIGNY. Les tribunaux, en nous séparant de biens, n'ont pas prononcé la séparation de corps... aussi, vous trouverez bon, qu'à compter d'aujourd'hui, je reprenne ma place au foyer conjugal.

HORTENSE. Malgré moi!

D'AVRIGNY. Oh! je connais mes priviléges, et je compte en user.

HORTENSE, à part. Mon Dieu!.. ce que m'a dit M. Duponceau!.. (Haut.) Et, sans doute, vous avez cru pouvoir compter sur ma soumission..... sur ma patience... mais il me reste encore le recours des juges.

D'AVRIGNY. Ah! oui... les sévices... les injures graves... Je comprends votre espoir.

HORTENSE. Qui n'est que trop fondé, n'est-ce pas?..

D'AVRIGNY. Pardonnez-moi... Vous me connaissez mal... je suis la douceur même, et quels que soient vos procédés à mon égard...

HORTENSE. Mais vous ignorez donc, Monsieur, jusqu'où la colère peut pousser une femme.

D'AVRIGNY.

« A tout événement le sage est préparé. »

HORTENSE. Monsieur, c'est une indignité.

D'AVRIGNY. Madame, c'est de bonne guerre.

SCÈNE VII.

LES MÊMES, DUPONCEAU.

DUPONCEAU, accourant. Eh bien! quoi!.. ce bruit?.. qu'est-ce donc?.. qu'arrive-t-il?..

D'AVRIGNY, montrant le papier qu'il tient à la main. C'est Madame... à qui je propose une affaire excellente... et qui la refuse.

HORTENSE, prenant le papier. Non, Monsieur... qui l'accepte.

D'AVRIGNY, très-surpris. Ah! bah!..

HORTENSE. Je ne vous demande que le temps nécessaire pour examiner attentivement ce papier avec M. Duponceau... Veuillez attendre ici...

D'AVRIGNY. A vos ordres, Madame.

DUPONCEAU, à part. Je crois que mes actions remontent.

ENSEMBLE.

Air de la *Péri*.

D'AVRIGNY ET HORTENSE.

C'en est fait, je le vois,
De mes vœux, et je dois
Étouffer en mon cœur
Tout espoir de bonheur!
Séparés pour jamais,
Vainement je voulais
Essayer un retour
D'union et d'amour.

DUPONCEAU.

C'en est fait, je le vois,
De leurs vœux, et je dois
Raviver dans mon cœur
Un espoir de bonheur!
Séparés pour jamais,
Je pourrai désormais
Empêcher tout retour
D'union et d'amour.

(*Hortense sort par la gauche avec Duponceau, qui fait des signes d'intelligence à d'Avrigny.*)

SCÈNE VIII.

D'AVRIGNY, puis ALICE.

D'AVRIGNY, seul. Serais-je allé trop loin!.. non, Duponceau m'a dit vrai... et l'épreuve est complète... il n'y a plus rien pour moi dans son cœur...

ALICE, entrant doucement par la droite. Il paraît qu'il est reparti... (L'apercevant.) Ah! mon Dieu!.. quelqu'un!..

D'AVRIGNY, à part. Une jeune fille!.. serait-ce? Au fait, elle doit avoir cet âge...

ALICE, à part. Si c'était lui!.. Oh! après ce que m'a dit M. Duponceau... je tremble... (Elle va pour sortir.)

D'AVRIGNY, la retenant. Eh bien!.. Mademoiselle... est-ce moi qui vous fais fuir?..

ALICE. Oh! non, Monsieur... je croyais que ma mère m'avait appelée...

D'AVRIGNY, à part. Plus de doute... C'est qu'elle est fort bien... tout le portrait de sa mère...

ALICE, à part. Pourvu qu'il n'aille pas vouloir m'emmener... me séparer de maman...

D'AVRIGNY. Madame d'Avrigny est enfermée avec son avoué... et si vous voulez m'aider à l'attendre...

ALICE, à part. Oh! quelle idée!.. oui, c'est cela!.. (Haut, avec affectation.) Excusez-moi, Monsieur... mais j'ai des ordres à donner aux domestiques...

D'AVRIGNY. Des ordres?..

ALICE. Oui... pour ma toilette... Cette maudite couturière qui se fait attendre... et mon chapeau qui ne vient pas... Ces marchandes de modes sont toujours en retard !..

D'AVRIGNY, *à part*. De la coquetterie?.. Allons!.. c'est bien sa mère! (*Haut.*) Mais cette robe, ce chapeau, est-ce donc si pressé?.. (*Prenant une petite boîte dans sa poche, et l'ouvrant.*) Si je vous offrais...

ALICE. Des bonbons... à une demoiselle de mon âge!.. ah! Monsieur... vous n'y pensez pas...

D'AVRIGNY. Et quel âge avez-vous donc?..

ALICE. Quinze ans passés, Monsieur...

D'AVRIGNY. Pardonnez-moi, Mademoiselle... d'avoir osé... (*Il mange quelques bonbons.*) Moi qui n'ai pas votre âge...

ALICE, *à part*. Bon!.. je crois que ça prend.

D'AVRIGNY. Mais alors, à défaut de friandises... que peut-on vous offrir?.. et quels sont les cadeaux qui vous conviennent?..

ALICE. Des parures... des bouquets... des bijoux... vous sentez bien que quand on va dans le monde.. aux Italiens... au bal...

D'AVRIGNY. Ah!.. vous allez au bal... et vous vous y plaisez?

ALICE. Beaucoup... parce qu'il faut bien en convenir... j'y ai quelque succès... oui, vraiment, j'ai aussi mes admirateurs...

D'AVRIGNY, *à part*. Toujours comme sa mère!..

ALICE. Il y en a un surtout... M. Ernest, le maître clerc de M. Duponceau... un jeune homme plein de goût...

D'AVRIGNY. Ah! ah! M. Ernest!..

ALICE. C'est toujours moi qu'il invite.. et il trouve que j'ai les mises les plus fraîches... les plus distinguées... oh! moi, d'abord, je suis très-difficile... aussi faut-il que je gronde sans cesse, que je me mette en colère...

D'AVRIGNY. Vous n'aimez pas qu'on vous résiste?..

ALICE. Je voudrais bien voir que quelqu'un osât s'en aviser!.. je suis naturellement fort douce... mais je le chasserais à l'instant...

D'AVRIGNY, *à part*. Absolument toutes les qualités de sa mère!..

ALICE, *à part*. Ça va bien! ça va bien!..

D'AVRIGNY. Mais enfin, Mademoiselle, on vous donne de l'éducation?..

ALICE. Sans doute.

D'AVRIGNY. Vous devez être savante?.. en histoire... en géographie... en calcul?..

ALICE. A quoi bon tout cela!..

D'AVRIGNY. Comment?.. vous n'avez donc pas de maîtres?..

ALICE. Oh! si fait... j'en ai un pour apprendre la schotisch et la redowa...

D'AVRIGNY. Ah!.. fort bien!..

ALICE.

Air de la *Fille du régiment*.

Pour former promptement
Une demoiselle
Chez elle,
Il suffit maintenant
De cet art charmant.
(*Elle figure quelques pas.*)
Voyez comme on est
Cambrée à souhait!..
Que dites-vous de ce bras?
Et de ce pas?
Sur la mazourka
Et sur la polka,
Je suis très-forte déjà!...
Pour former promptement, etc.

D'AVRIGNY, *à part*. Pour le coup, c'est beaucoup trop comme sa mère!

ALICE, *à part*. Il va me détester.

D'AVRIGNY. Je vois avec plaisir, Mademoiselle, que l'on n'a rien négligé pour former vos manières... mais j'aime à croire qu'au milieu de tant de travaux importants, votre cœur n'a pas été tout à fait négligé... et qu'on vous a du moins appris à aimer les auteurs de vos jours...

ALICE. Je sais tout ce que je dois à ma mère, Monsieur...

D'AVRIGNY. Et votre père, dont vous ne parlez pas?..

ALICE. Je le connais à peine... j'étais si enfant, lorsqu'il est parti pour un long voyage.

D'AVRIGNY. Mais, au moins, on a dû souvent vous parler de lui!..

ALICE. Quelquefois...

D'AVRIGNY. Pour vous le faire respecter et chérir!..

ALICE. J'y ai fait mon possible... parce que c'est mon devoir... mais en apprenant comme il a rendu ma mère malheureuse... comme il l'a quittée sans remords... comme il m'a oubliée, moi, sa fille!

D'AVRIGNY. Oh! qui a osé vous tenir de pareils propos!..

ALICE. Dites plutôt, qui ne les a pas tenus!

D'AVRIGNY. De sorte que, si votre père se présentait tout à coup devant vous... s'il voulait vous embrasser?..

ALICE, *avec effort*. Ne faites donc pas de pareilles suppositions, Monsieur! elles n'auraient qu'à se réaliser!

D'AVRIGNY. Eh bien?..

ALICE. Eh bien... si ce retour devait faire le malheur de ma mère... j'aimerais mieux qu'il n'eût jamais lieu!

D'AVRIGNY, *à part*. Oh! c'est indigne!.. m'enlever jusqu'au cœur de ma fille!

ALICE, *à part*. J'étouffe... je suffoque... mais je crois que j'ai réussi !

SCÈNE IX.

LES MÊMES, HORTENSE, DUPONCEAU.

HORTENSE, *le papier à la main*. Vous l'avez voulu, Monsieur,.. voici cette autorisation qui vous rend maître d'aliéner votre dernière ressource... soyez donc satisfait...

D'AVRIGNY, *le prenant.* Pardonnez-moi, Madame, d'avoir tant insisté pour obtenir cette signature... (*Déchirant le papier.*) mais j'ai changé d'avis.

HORTENSE ET DUPONCEAU. Comment ?

D'AVRIGNY. Je ne pars plus... oh! rassurez-vous... si je reste à Paris... si je me contente du revenu de cette propriété au lieu d'en exiger le capital, ce n'est pas pour vous imposer ma présence...

DUPONCEAU, *à part.* Ah ! je respire...

D'AVRIGNY. Mais en revanche, vous me permettrez d'invoquer un droit... celui de me charger à mon tour de l'éducation de notre enfant.

HORTENSE ET ALICE, *à part.* O ciel !..

D'AVRIGNY, *à Hortense.* J'espère être plus heureux que vous, Madame, dans le choix de ses maîtres.

ALICE, *à part.* Qu'ai-je fait !..

DUPONCEAU, *à part.* De mieux en mieux !

HORTENSE, *à d'Avrigny.* Mais, Monsieur...

D'AVRIGNY. Épargnez-vous ainsi qu'à moi des récriminations inutiles... oui, je sais que mes torts égalent au moins les vôtres... je sais qu'en nous séparant, chacun de nous a prêté à la médisance... je sais enfin, qu'en renonçant à cette clause de notre acte, qui me permettait de participer avec vous à l'éducation de notre enfant, j'ai encouru le reproche d'indifférence... je sais tout cela, Madame... mais si j'ai pu être trompé dans mes calculs et dans mes espérances, je n'ai jamais cessé, du moins, d'être honnête homme... et je n'ai jamais mérité d'être signalé à l'animadversion de ma fille.

HORTENSE. Oh! Monsieur... qui a pu vous faire supposer?

ALICE, *à part.* Je n'ose lever les yeux...

D'AVRIGNY. D'ailleurs, suis-je donc si exigeant et si cruel... votre fille sera placée deux ou trois ans encore dans un pensionnat que je choisirai moi-même, et où vous pourrez la voir une fois par semaine.

ALICE. Ah! maman !.. nous quitter !..

HORTENSE, *l'embrassant.* Chère enfant!

D'AVRIGNY, *avec amertume.* Vous le voyez, Madame... pour vous seule toutes ses caresses !..

ALICE, *allant à lui.* Mon père !..

D'AVRIGNY, *l'embrassant.* Mon Alice !.. (*A part.*) Ah! que cela fait de bien d'embrasser son enfant!

DUPONCEAU, *à Hortense.* Que voulez-vous?.. pas moyen de plaider... il faut vous soumettre.

HORTENSE. C'est bien... j'aurais désiré avoir le temps de me préparer à cette séparation... mais puisque vous l'exigez, Monsieur, dans un instant votre fille va vous être remise...

D'AVRIGNY. J'attendrai...

ALICE, *à part.* Ah! si j'avais su !..

ENSEMBLE.

Air : *Au revoir donc, ma sœur.*

HORTENSE, D'AVRIGNY, ALICE, *à part.*
En ce triste moment,
Je n'ai plus d'espérance,
Mais cachons ma souffrance,
Il le faut maintenant,
    C'est prudent, (*Bis.*)
Car en Dieu seul, j'espère,
Oui, faisons un mystère
De mon affreux tourment.

DUPONCEAU, *à part.*
En cet heureux moment,
Je suis plein d'espérance,
Mais gardons le silence,
Il le faut maintenant,
    C'est prudent. (*Bis*).
Bientôt je saurai plaire,
Oui, faisons un mystère
De cet espoir charmant.

(*Alice sort avec sa mère par la droite.*)

SCÈNE X.

D'AVRIGNY, DUPONCEAU.

D'AVRIGNY, *suivant la sortie d'Hortense.* Elle s'éloigne, triste et malheureuse... au fait, ai-je bien le droit de lui causer cette douleur?

DUPONCEAU, *à part.* Est-ce qu'il faiblirait? (*Haut.*) Comment, si vous avez ce droit?.. mais c'est bien plus qu'un droit... c'est un devoir...

D'AVRIGNY. Le fait est que l'épreuve de tout à l'heure... Alice si jeune... et déjà si coquette...

DUPONCEAU. Très-coquette.

D'AVRIGNY. Hautaine...

DUPONCEAU. Très-hautaine...

D'AVRIGNY. Et volontaire... enfin, tous les défauts de...

DUPONCEAU, *vivement, en regardant si personne n'écoute.* Je sais de qui...

D'AVRIGNY. Sans compter son cœur, qu'on semble avoir pris à tâche de m'aliéner... c'est infâme !..

DUPONCEAU. C'est... (*Même jeu.*) ce que vous dites...

D'AVRIGNY. Oui... vous avez raison, il faut que je l'emmène.

DUPONCEAU. Sur-le-champ... et si vous m'en croyez, dès aujourd'hui, vous la mettrez dans une bonne pension... bien sévère!

D'AVRIGNY. Mais je n'en ai pas comme cela sous la main.

DUPONCEAU. J'en ai une, moi, toute prête...

D'AVRIGNY, *étonné.* Ah!

DUPONCEAU. Et tenue par une de mes clientes... une chanoinesse... qui n'a jamais été mariée... j'en réponds comme de moi-même...

D'AVRIGNY. Eh bien! je m'en rapporte à vous...

DUPONCEAU. Soyez tranquille... je prends un

fiacre... je vole... je tombe d'accord... je reviens...
et fouette cocher !.. (*A part.*) Plus de père ni de
fille ici... ah! c'est un coup de maître !.. (*Il sort.*)

SCÈNE XI.

D'AVRIGNY, *puis* ALICE.

D'AVRIGNY, *seul.* Ah çà! mais ce Duponceau
prend un étrange intérêt à ma position... il est
bien sensible... pour un avoué... cela n'est pas
naturel !..

ALICE, *entrant. Petit tablier, petit mantelet,
chapeau de paille, tenue de pensionnaire, et
prête à partir.* Me voici, mon père... je suis prête
à vous suivre.

D'AVRIGNY. C'est très-bien... mais pourquoi
votre mère ne vous a-t-elle pas accompagnée?..
j'ai besoin de m'entendre avec elle...

ALICE. Elle vous a obéi... n'exigez rien de plus,
et emmenez-moi bien vite... tandis qu'elle n'est
pas là!

D'AVRIGNY. J'en suis fâché... mais il faut que
nous attendions Duponceau... dussiez-vous m'ac-
cabler de votre colère... pour oser vous résister.

ALICE, *avec beaucoup de douceur.* Vous ordon-
nez... mon devoir est de me soumettre.

D'AVRIGNY, *étonné.* Ah!

ALICE. Si je désirais sortir au plus vite de cette
maison, ce n'était pas pour moi, qui voudrais y
rester toujours...

D'AVRIGNY. Pour qui donc, alors?..

ALICE. Pour ma mère, qui n'a pas eu la force
d'assister à mon départ, et qui ne pourrait le voir
sans en être bien malheureuse...

D'AVRIGNY, *avec humeur.* Eh! mon Dieu! ne
dirait-on pas que je suis un tyran... un homme
sans cœur... sans entrailles... vous et votre mère,
vous seriez enchantées de me faire cette répu-
tation.

ALICE. Oh! maintenant que je vous connais,
c'est moi, au contraire, qui prendrais votre dé-
fense contre tous ceux qui voudraient vous ca-
lomnier.

D'AVRIGNY, *à part.* Qu'est-ce que cela veut
dire?.. Mademoiselle ma fille jouerait-elle la co-
médie?.. (*Haut.*) Vous dites donc que votre mère
ne pourra pas s'habituer à vivre loin de vous?..

ALICE. Je le crains...

D'AVRIGNY. Eh bien?.. et vous?..

ALICE, *avec simplicité.* Oh! moi !.. je suis sûre
que j'en mourrai!

D'AVRIGNY, *avec éclat.* Alice... mon enfant...
Se reprenant.) Je conçois, en effet, que, vos ha-
bitudes étant tout à fait changées... à présent qu'il
ne sera plus question pour vous de toilettes... de
bals... de redowa... de schotisch...

ALICE. Assez! mon père !.. assez!

Apprenez tout... d'une fille coupable
Voyez, mon père, ici quel est l'effroi !
J'ai fait l'essai d'une ruse blâmable,
Pour appeler votre haine sur moi !..
Ah! je le sens, un châtiment sévère
Seul peut calmer votre juste courroux!
J'ai repoussé la tendresse d'un père,
Ce crime doit s'expier à genoux! (*Bis.*)

(*Elle veut s'agenouiller.*)

D'AVRIGNY, *la relevant, et au comble de l'éton-
nement.* Qu'entends-je!.. une ruse!.. c'était une
ruse!..

ALICE. Pour ne pas quitter ma mère...

D'AVRIGNY. Mais alors, tous ces vilains défauts,
dont tu faisais parade?..

ALICE. J'en avais bien emprunté quelques-
uns...

D'AVRIGNY, *l'attirant sur ses genoux.* Ainsi, ces
parures... ces robes... ces chapeaux?..

ALICE, *souriant.* Ils sont encore à venir.

D'AVRIGNY. Et ces fêtes brillantes, où ta mère te
conduit?

ALICE. Il faudrait qu'elle y allât elle-même.

D'AVRIGNY. Et ce monsieur... Ernest?..

ALICE, *baissant les yeux.* M. Ernest!.. (*Elle se
lève.*)

D'AVRIGNY, *se levant aussi.* Oui... je comprends... il n'y a que lui de vrai... et peut-être
aussi ce maître à danser?..

ALICE. Pour cela, comme pour le reste, je n'ai
jamais eu d'autre institutrice que maman.

D'AVRIGNY. Tu as donc de l'éducation?

ALICE. Dame! pour mon âge...

D'AVRIGNY, *tirant la boîte aux bonbons.* Et
maintenant, si je me permettais de t'offrir...

ALICE, *en prenant.* Oh! j'accepterais avec
plaisir...

D'AVRIGNY. Ah çà, mais on t'avait donc bien
fait peur de moi?..

ALICE. Oh! je vous en réponds.

D'AVRIGNY. Et qui ça, s'il vous plaît?

ALICE. Ne me le demandez pas!.. qu'il vous
suffise d'apprendre que ce n'est pas ma mère.....
Si vous saviez comme elle est bonne... comme
elle a toujours évité de prononcer devant moi un
seul mot qui pût me faire penser du mal de vous.

D'AVRIGNY. Elle t'en a donc parlé quelquefois?

ALICE. Pas aussi souvent que je l'aurais voulu...
ce sujet la rendait si triste... si triste...

D'AVRIGNY. Vraiment?..

ALICE. Aussi, pourquoi aimez-vous tant à
voyager?.. vous nous manquiez ici... pour être
tout à fait heureux.

D'AVRIGNY. Chère enfant!.. Tu n'es donc plus
fâchée de venir avec moi?..

ALICE. Si cela se pouvait sans quitter ma mère...
elle à qui je dois tout !..

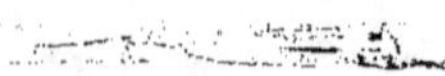

D'AVRIGNY. Tout... c'est vrai... ton bon cœur... ton esprit... ta grâce!..

ALICE. Vous trouvez que je lui ressemble?..

D'AVRIGNY. Et je ne t'en aime que davantage.

Air de *Lauzun*.

Ton cœur est son cœur... maintenant
Je vois bien qu'elle t'a de même
Donné son esprit si charmant,
Sa grâce, sa douceur extrême;
Puisqu'elle t'a donné, vraiment,
Toutes ses vertus, sa sagesse...
A mon tour, je dois, mon enfant,
Te donner toute ma tendresse.

ALICE, *avec éclat*. Mon bon père!.. ah!

D'AVRIGNY. Eh bien!.. quoi donc?..

ALICE. Ça a été plus fort que moi... j'ai failli vous sauter au cou...

D'AVRIGNY. Cela te ferait donc plaisir?

ALICE. Oh! vous me le demandez...

D'AVRIGNY. D'abord, une fille qui désire embrasser son père ne lui dit pas vous...

ALICE, *avec âme*. Eh bien!.. le veux-tu?

D'AVRIGNY, *lui ouvrant ses bras*. Mon Alice!.. (*A part*.) Allons!.. du courage... cela ne peut finir qu'ainsi... (*Il se met à la table, et écrit*.)

ALICE, *à part*. Que fait-il donc?.. il écrit, à présent...

D'AVRIGNY, *tout en écrivant, à part*. Je suis éclairé maintenant... Sa douleur, que j'ai seul causée... et tant de qualités... de vertus... que j'ai méconnues!.. Ah! combien je fus coupable!.. (*Haut, en se levant*.) Alice...

ALICE. Mon père?..

D'AVRIGNY. Prends ce billet... Tu le remettras à ta mère, lorsque je serai parti...

ALICE. Tu ne m'emmènes donc plus?..

D'AVRIGNY, *avec effort*. Non!..

ALICE. Mais, au moins... tu reviendras?.. je te reverrai?.. car, maintenant, je ne pourrais plus vivre sans cet espoir...

D'AVRIGNY, *très-ému*. Nous nous reverrons..... Adieu!.. (*Il l'embrasse*.) Adieu, adieu, ma fille!.. (*Il sort vivement*.)

SCÈNE XII.

ALICE, *puis* JULIETTE.

ALICE, *seule*. Ah! je ne sais ce que j'éprouve... il me laisse auprès de maman... je devrais être tout à fait contente... et j'ai bien envie de pleurer.

JULIETTE, *une lettre à la main*. Voici une lettre pour Madame.

ALICE, *la prenant*. Donne... je la lui remettrai en même temps que celle-ci.

JULIETTE. Ah ça, vous ne partez donc plus?..

ALICE. Non... je reste... et j'ignore pourquoi... Tout ce que je sais, c'est que mon père est bon... aussi bon que maman... et que M. Duponceau,

qui m'en a dit tant de mal, est un méchant homme, que je hais... que je déteste.

JULIETTE. Méchant!.. lui... mon Dieu!.. non!.. seulement il avait ses motifs...

ALICE. Et lesquels?..

JULIETTE. C'est bien simple... un avoué embrouille toujours tout... c'est son métier... et puis...

ALICE. Et puis...

JULIETTE. Il craignait qu'il ne prît fantaisie à Monsieur de rester ici... à cause de Madame...

ALICE. Eh bien?..

JULIETTE. Eh bien?.. ça l'aurait gêné!..

ALICE. Pourquoi?..

JULIETTE. Pourquoi?.. pourquoi?.. vous êtes trop jeune pour le savoir. (*Elle sort*.)

SCÈNE XIII.

ALICE, *puis* HORTENSE.

ALICE, *seule, avec dépit*. Trop jeune!.. trop jeune!.. Elle n'a jamais que ce mot-là à me répondre... (*Elle va pour entrer chez sa mère; au même instant, Hortense paraît*.)

HORTENSE, *l'apercevant*. Alice!..

ALICE, *se jetant dans ses bras*. Ah! maman! ne sois plus triste, et lis... (*Elle lui donne les deux lettres*.)

HORTENSE. Deux lettres?..

ALICE. Une grande, que Juliette vient d'apporter, et celle-là, qui est de mon père.

HORTENSE. De ton père!.. (*Elle jette l'autre lettre sur le guéridon, et ouvre vivement celle de son mari, qu'elle lit*.) « Hortense, on m'avait « trompé... J'ai reconnu mon erreur, et je vous « laisse votre fille... à vous, si digne d'achever « son éducation... je ne vous demande comme « grâce... comme consolation, que de m'envoyer « toutes les semaines notre enfant, dans ma re- « traite, que je vous ferai connaître...

ALICE. O ciel!..

HORTENSE, *achevant*. « Et à ce prix... je vous « promets de ne plus jamais vous importuner de « ma présence. »

ALICE. Mais c'est impossible... il n'y a pas cela... Il reviendra... il me l'a dit...

HORTENSE, *lui laissant prendre la lettre*. Jamais!..

ALICE. Et je l'ai laissé partir!.. Oh! maudite lettre! (*Elle la parcourt avec agitation*.)

SCÈNE XIV.

LES MÊMES, DUPONCEAU.

DUPONCEAU, *accourant tout essoufflé*. Ouf!.. la pension est retenue, et le fiacre est en bas..... (*Voyant Hortense*.) Fichtre! madame d'Avrigny..

HORTENSE. Qu'est-ce donc?.. et de quelle pension voulez-vous parler?..

DUPONCEAU. Moi !.. j'ai parlé d'une pension?.. vous croyez?..

HORTENSE. J'en suis sûre... Voyons... expliquez-vous...

DUPONCEAU. Voilà ce que c'est... M. d'Avrigny m'avait chargé... parce que... il sait que j'ai une cliente... institutrice... une chanoinesse... alors...

HORTENSE. C'est-à-dire que vous me trahissiez?

DUPONCEAU. Moi! Madame !..

HORTENSE, *très-séchement.* C'est très-bien, Monsieur... il suffit... (*Elle lui tourne le dos, et va s'asseoir auprès du guéridon, où elle prend la seconde lettre, qu'elle lit.*)

DUPONCEAU, *à part.* Je crois que j'ai fait encore une boulette... Ce diable de d'Avrigny qui m'envoie chercher un fiacre..... et qui ne m'attend pas...

HORTENSE, *à part, après avoir lu.* La singulière nouvelle!.. (*Elle rit.*) Ah! ah! ah! c'est original!

DUPONCEAU, *à part.* Elle rit, maintenant!.. si j'y comprends quelque chose..... (*Bas, à Alice, dont il s'approche.*) Que s'est-il donc passé?

ALICE, *haut.* Oh! presque rien... je ne vais plus à la pension. (*Elle remonte, en relisant la lettre de son père.*)

DUPONCEAU, *très-étonné.* Ah! bah?

HORTENSE, *se levant.* Cela vous contrarie, monsieur Duponceau?

DUPONCEAU. Moi?.. pourquoi voulez-vous?.. en vérité, je ne devine pas... je suis seulement surpris... parce que... si l'on veut qu'une jeune personne soit élevée convenablement, il n'y a que la pension... aussi ai-je le projet bien arrêté d'y envoyer les quatre filles que madame Duponceau m'a données...

HORTENSE. Eh bien!.. vous pourrez y mettre aussi votre fils.

DUPONCEAU. Hein?.. comment?.. (*Hortense lui donne la lettre, qu'il lit.*) « Madame Duponceau « est heureusement accouchée d'un garçon, » (*S'interrompant.*) Ah! grand Dieu! (*Il achève.*) « Monsieur Duponceau a l'honneur de vous en « faire part. » J'ai l'honneur, moi!.. c'est un peu fort!..

Air de Voltaire chez Ninon.

Ah! rien n'égale mon courroux,
Voilà qui me semble sévère !
HORTENSE.
Mon Dieu! de quoi vous plaignez-vous?
Je vous trouve heureux d'être père;
Car, voyez quel plaisir nouveau!
Vous pourrez faire par vous-même,
Grâce à madame Duponceau,
L'épreuve de votre système!

DUPONCEAU, *furieux.* Ah! madame Duponceau!

HORTENSE, *avec une révérence ironique.* Je vous laisse méditer sur les douceurs de la séparation. (*Elle sort par la gauche.*)

SCÈNE XV.
DUPONCEAU, ALICE.

DUPONCEAU, *furieux.* Mais c'est une indignité!..

ALICE, *s'approchant.* Ce pauvre monsieur Duponceau... qu'est-ce qu'il a donc?

DUPONCEAU. Il a... il a... des choses qui ne regardent pas les jeunes filles! (*A part.*) Celle-là, surtout, qui irait encore me porter malheur auprès de sa mère.

ALICE. Il me semble que vous devez être content de ce que mon père ne m'emmène pas, vous qui, ce matin, me donniez de si bons conseils...

DUPONCEAU. Pardieu !.. Si j'avais pu prévoir... mais ce d'Avrigny qui s'avise de faire du sentiment... si c'est pour cela qu'il est venu ici, il aurait bien dû ne pas se déranger.

ALICE, *à part.* C'est-à-dire qu'il aurait bien dû ne pas s'en aller... ah! si je pouvais...

DUPONCEAU. En voilà une girouette!.. qui veut une chose... qui en veut une autre... fiez-vous donc à un homme comme celui-là !..

ALICE, *à part.* Eh! mais pourquoi pas! (*Haut.*) Vous avez bien raison, mon bon monsieur Duponceau, on ne sait vraiment pas sur quoi compter avec monsieur mon père... aussi... je vous le dis à vous, parce que vous êtes un ami... maman et moi, nous allons prendre nos précautions.

DUPONCEAU. Comment?

ALICE, *avec mystère.* Chut!.. c'est un secret... de peur que papa ne change encore d'avis, maman m'enlève... et nous partons ce soir pour l'Angleterre...

DUPONCEAU. Pour l'Angleterre !.. (*A part.*) Elle m'échapperait !..

ALICE. N'allez pas faire d'indiscrétion, au moins... si mon père pouvait se douter que maman se dispose à manquer à l'obligation qu'il lui a imposée de m'envoyer chez lui une fois par semaine... il serait furieux.

DUPONCEAU. Il serait très-furieux !

ALICE. Et il reviendrait faire une scène à ma mère!

DUPONCEAU. Une scène atroce!

ALICE. Vous comprenez combien il est important qu'il ne soit pas prévenu aujourd'hui...

DUPONCEAU. Comment donc... (*A part.*) Justement j'ai en bas un fiacre à l'heure... ah! je tiens ma vengeance.

ALICE. Mais ce n'est pas vous qui irez me trahir.

DUPONCEAU. Moi!.. Duponceau?.. (*A part.*) J'y cours.

ALICE. Vous partez?..

DUPONCEAU. Oui... une affaire que j'avais oubliée... Soyez tranquille, mon enfant.., votre père ne saura rien. (*Il sort vivement.*)

SCÈNE XVI.

ALICE, puis HORTENSE.

ALICE, *seule*. Mon père saura tout... grâce à vous, M. Duponceau... et il reviendra.... et quand je le tiendrai là... en ma puissance... Ah! quel bonheur!.. s'il allait ne plus repartir !.. maman !.. qu'elle ne se doute de rien. (*Elle court vivement au guéridon et se met à dessiner.*)

HORTENSE, *entrant sans la voir*. C'est étrange... plus je pense à cette lettre de M. d'Avrigny, moins je puis comprendre...

ALICE, *à part*. Elle s'occupe de lui !..

HORTENSE, *l'apercevant*. Ah! te voilà, mon enfant.., tu travailles?

ALICE. Oui, maman... en t'attendant...

HORTENSE. Voyons cela... comment !.. un portrait ?.. où est donc ton modèle ?..

ALICE, *montrant son front*. Il est là...

HORTENSE. Mais, je ne me trompe pas... ces traits ?..

ALICE, *avec joie*. Quel bonheur !.. tu les a reconnus ?..

HORTENSE. Oui... c'est ton père... c'est lui-même... ce n'est vraiment pas mal... seulement...

ALICE, *lui offrant le crayon*. Oh! ne te gêne pas... corrige-moi... je l'ai si peu vu...

HORTENSE. Je trouve que tu l'as un peu flatté... il n'est pas si bien que cela...

ALICE. A mon goût, il est bien mieux... une figure très-distinguée...

HORTENSE. C'est vrai...

ALICE. Qui annonce une belle âme...

HORTENSE. C'est vrai...

ALICE. De la bravoure... de la générosité...

HORTENSE. C'est vrai..,

Air d'*André*.

Pour reproduire ici sa ressemblance,
Pour retracer tous ses traits sans erreur,
Dans mon esprit cherchons sa souvenance...
ALICE.
Chère maman, cherche-la dans ton cœur.

HORTENSE, *assise à la place d'Alice, et dessinant*. D'abord, la bouche un peu moqueuse...

ALICE. Mais non, maman, tu te trompes... autrefois, c'est possible... avant ses voyages... mais à présent, elle ne respire que la franchise...

HORTENSE, *dessinant*. Comme ceci ?..

ALICE. Bien... très-bien... et les yeux ?..

HORTENSE. Tu les a faits trop doux... je me rappelle parfaitement...

ALICE. Moi, je crois, au contraire, qu'ils ne le sont pas assez... Si tu les avais vus lorsqu'il les fixait sur moi, lorsqu'il me parlait de toi, et qu'il me faisait ton éloge...

HORTENSE. Mon éloge !..

ALICE. Il paraissait si malheureux de t'avoir causé du chagrin...

HORTENSE. Ah !.. il t'a dit ?..

ALICE. Ses yeux alors exprimaient le regret... la tendresse..,

HORTENSE, *dessinant*. Ainsi?

ALICE, *battant des mains*. Ah! c'est bien cela... il ne lui manque presque rien... et il me semble que si tu le voyais encore une fois... une seule petite fois...

SCÈNE XVII.

LES MÊMES, D'AVRIGNY.

(*D'Avrigny paraît vivement à la porte du fond.*)

HORTENSE, *se levant avec émotion*. Lui !..

ALICE, *à part*. Ah! je savais bien, moi !.. merci, M. Duponceau.

D'AVRIGNY. Ma présence vous surprend, Madame; vous ne l'attendiez pas, sans doute... et vous devinez déjà qu'elle va contrarier vos projets...

HORTENSE, *étonnée*. Mes projets ?..

D'AVRIGNY. N'essayez pas de nier, Madame, je sais tout.

ALICE, *à part, riant*. Pauvre père !.. s'il se doutait que c'est moi..

D'AVRIGNY. Je sais que vous vous disposez à enlever votre fille... à partir avec elle pour l'Angleterre...

HORTENSE. Pour l'Angleterre ?.. moi !

ALICE, *à part*. Aie !.. aie !.. aie!

D'AVRIGNY. Dès ce soir... vous voyez que je suis bien instruit.

ALICE, *à part*. Joliment!

HORTENSE. Mais... en vérité, Monsieur, si cela n'est pas un jeu, veuillez m'expliquer...

D'AVRIGNY. Comment ?.. vous n'avouez pas ?..

HORTENSE. Je proteste, au contraire...

D'AVRIGNY. Ainsi, ce départ ?..

HORTENSE. Est un mensonge...

D'AVRIGNY. Vous me le jurez?

HORTENSE. Par tous les serments qu'il vous plaira d'exiger de moi... voyez mes gens... interrogez Alice...

ALICE. Oh! pour moi, je ne sais pas ce que veut dire mon père...

D'AVRIGNY. Ah! fort bien... je vois que l'on m'a encore trompé... mais alors, quel est donc l'intérêt de ce Duponceau ?..

HORTENSE. M. Duponceau !.. quoi !.. c'est lui ?..

D'AVRIGNY. Lui-même... mais, puisque j'en suis pour mes frais de mystification... il ne me reste plus, Madame, qu'à prendre congé de vous, en vous priant d'excuser ma ridicule visite...

ALICE, *à part*. Ah! mais non !.. il ne s'en ira pas ainsi...

D'AVRIGNY, *avec effort*. Adieu, Hortense... adieu, Alice!

ALICE. Tu pars... déjà?

D'AVRIGNY. Il le faut...

ALICE. Comme si maman te renvoyait?.. n'est-ce pas, petite mère?..

HORTENSE. Monsieur d'Avrigny sait bien qu'il est chez lui...

D'AVRIGNY, *souriant.* Ah! Madame... si je vous prenais au mot...

ALICE. Eh bien! tu ne serais pas si à plaindre... comment?.. tu n'es pas las de voyager?.. c'est donc bien attrayant de courir le monde...

D'AVRIGNY. Oh! j'en suis revenu...

ALICE. Quand on peut trouver chez soi... au coin du feu... une bonne et charmante femme, qui est toujours empressée à vous plaire... à prévenir tous vos désirs.

HORTENSE. Alice!

D'AVRIGNY, *avec ironie.* Oui, en effet...

ALICE. Bien entendu que les prévenances sont partagées... et que le mari s'occupe aussi de sa femme... est aimable avec elle...

HORTENSE. Quand il n'a rien de mieux à faire...

ALICE. Oh! il n'est pas embarrassé de son temps... il a une fille qui a encore tant de choses à apprendre... il faut bien l'aider de ses conseils, l'éclairer de son expérience... Et le père achève tout doucement l'éducation que la mère a commencée...

D'AVRIGNY. Chère enfant... je te trouve parfaite, moi...

ALICE. Parce que je m'efforce de ressembler à maman, et que tu crois la voir en moi. Oh! tu l'as dit?

HORTENSE. Est-ce vrai?

ALICE. Il a même ajouté qu'il ne m'en aimait que davantage.

D'AVRIGNY. Alice...

HORTENSE. Oh! Monsieur!.. pourquoi avoir essayé de tromper cette enfant?..

D'AVRIGNY. Eh bien!.. non, Hortense, je ne l'ai pas trompée... Loin de vous... dans l'exil où m'avait entraîné le dépit d'une tendresse que j'avais crue dédaignée... je n'ai jamais cessé de regretter les saintes joies du ménage... sottement méconnues par moi... Une misérable obstination me retenait toujours... mais enfin, je n'ai pu résister à mon ardent désir de vous revoir... Pour cela, j'ai supposé une ruine qui heureusement n'est qu'un mensonge!

HORTENSE. Quoi, Monsieur?

D'AVRIGNY. Abusé d'abord par de fausses apparences, je gardais mon secret au fond de mon âme... mais Alice m'a ouvert les yeux... et vous êtes bien vengée; car cette Hortense que je croyais connaître, n'existe plus, et j'emporte d'elle une autre image dans mon cœur... lorsque la mienne est exilée d'ici!

ALICE, *courant prendre l'album sur le guéridon.*

Eh bien! précisément... c'est ce qui te trompe... regarde!

D'AVRIGNY. Mon portrait?

ALICE. Oui, ton portrait dessiné...

HORTENSE. Par Alice...

ALICE. Mais tout entier refait de la main de maman.

D'AVRIGNY. Se peut-il?.. il est donc vrai, Hortense, que j'occupe encore votre pensée... quelquefois?

ALICE. Toujours!

D'AVRIGNY. Oh! cette assurance que vous n'avez pas contredite me fait un bien!.. Merci, Madame... merci, mon Alice... Ah! je pars plus heureux.

ALICE, *l'arrêtant par la main.* Et si maman ne le voulait pas... si elle te disait : Mon ami, restez pour mon bonheur... pour celui de ma fille...

Air de la *Petite Sœur.*

Approche donc tout doucement.
(*Attirant aussi Hortense par la main.*)
Toi, ma mère, il faut que tu viennes...
Oui, maman, je veux que tu viennes...
(*Joignant leurs mains.*)
Et tous deux, près de votre enfant,
Pressez donc vos mains dans les siennes...
Oui, dans les siennes!
D'AVRIGNY, *très-ému.*
Ah! chère Hortense...
HORTENSE, *de même.*
Mon ami!
ALICE.
De tous les deux, moi, je m'empare,
Le bonheur doit régner ici...
Et notre groupe est si joli,
Qu'il ne faut plus qu'on le sépare,
Qu'on le sépare !

D'AVRIGNY. Oh! jamais!..

HORTENSE. Jamais!..

SCÈNE XVIII.

LES MÊMES, DUPONCEAU.

DUPONCEAU, *paraissant au fond.* Hein!.. qu'ai-je vu?

D'AVRIGNY. Une réconciliation conjugale, mon cher Duponceau...

ALICE. Grâce à vous, qui êtes allé chercher mon père!

DUPONCEAU. Je tombe bien!..

D'AVRIGNY. En effet... car j'aurai à vous parler d'un certain M. Ernest.

DUPONCEAU. Mon maître clerc?..

D'AVRIGNY, *voyant Alice intimidée.* Plus tard... pas devant Alice... mais où diable avez-vous été prendre cette histoire de départ pour l'Angleterre?..

ALICE, *à part.* Ah! mon Dieu!

DUPONCEAU. Je ne l'ai pas inventée... o m'avait affirmé...

D'AVRIGNY. Qui donc?..

DUPONCEAU. Mais... c'est...

ALICE, *bas, et vivement.* Pas un mot... ou je raconte à mon père ce que vous avez dit de lui.

DUPONCEAU. Allons... puisqu'il le faut... j'avoue que c'est moi qui ai eu cette idée... pour vous rapprocher...

D'AVRIGNY. Un avoué!... c'est bien beau!

HORTENSE. Et c'est rare...

DUPONCEAU. Que voulez-vous, mes amis?.. j'ai le malheur d'être trop sensible, et de penser qu'il n'y a de bonheur que dans l'union de deux bons époux... dans les douceurs de la paternité... A propos, je vous annonce que je rappelle définitivement auprès de moi, ma femme et son nouveau-né...

D'AVRIGNY. Comment?.. vous êtes encore père, mon cher Duponceau?..

DUPONCEAU, *tirant la lettre de sa poche.* J'ai l'honneur de vous en faire part...

D'AVRIGNY, *la parcourant.* Je vous en félicite... après dix mois de séparation...

DUPONCEAU. Pardon... pardon... il n'y en a que neuf... j'avais mal compté!..

CHŒUR.

Air : *Polka de Montaubry.*

Plus de tempête, plus d'orage,
Que notre/votre destin sera doux!
On ne verra plus de nuage
S'élever jamais entre nous./vous.

FIN.

EN VENTE CHEZ LE MÊME ÉDITEUR :

Les trois Racan. 60
Les Sociétés secrètes. 60
Le Chevalier de Servigny. 60
C'en était un. 60
Les trois Dondon. 60
Giralda. »
La première chanson de Gallet 60
Méphistophélès. 60
L'Alchimiste. 60
Le père Nourricier. 60
Grassot embêté par Ravel. 60
La Société du Doigt dans l'OEil. 60
L'Hôtesse de Saint-Eloy. 60
La Fille bien gardée. 60
Le Jour et la Nuit. 60
Plaisir et Charité. 60
Marié au second Garçon ou cinquième. 60
Un Bal en robe de chambre 60
Né Coiffé. 60
Le Ménage de Rigolette. 60
Le Pont Cassé. 60
Un Valet sans Livrée. 60
Le Paysan. 60
Charles le Téméraire. 60
L'Anneau de Salomon. 60
Supplice de Tantale. 60
Les Infidélités Conjugales. 60
Les Petits Moyens. 60
Les Escargots sympathiques. 60
La Grenouille du Régiment 60
Les Tentations d'Antoinette. 60
La baronne Bergamotte. 60
Les Extases de M. Hochenez. 60
Le Journal pour rire. 60
Le Renard et les Raisins. 52
La Belle au Bois dormant. 60
La Course aux Pommes d'Or. 60
Christian et Marguerite. 60
L'Avocat Loubet. 60
Royal-Tambour. 60
Mam'zelle fait ses dents. 60
Le vol à la Roulade. 60
La Fée Cocotte. 60
Mon ami Babolin. 60
Le Palais de Cristal. 60
Passiflor et Cactus. 60
Le Duel au Baiser. 60
Les Trois Ages des Variétés. 60
English Exhibition. 60
Blondette. 60
Histoire d'une Rose et d'un Croquemort. 60
L'Agent secret. 60
Drinn-Drinn. 60
Une Paire de Pères. 60
Les Gibontées. 60
Un Monsieur qui n'a pas d'habit. 60
Mignon. 60
La Chasse aux Grisettes. 60
Voilà plaisir, Mesdames! 60
La Vénus à la Fraise. 60
Les deux Prud'hommes. 60
M. Barbe-Bleue. 60
Une Queue Rouge. 60
Le Pour et le Contre. 60
Le Puits mitoyen. 60
Trois Amours de Pompiers. 60
Les Bloomeristes ou la réforme des Jupons. 60
Le Laquais d'un nègre. 60
Los Dansores espagnolas. 60
Madame Schlick. 60
Le Prince Ajax. 60
Les Enfants de la Balle. 60
L'Ami de la maison. 60
La Marquise de La Bretèche. 60
Une Veuve de 15 ans. 60
Une passion à la Vanille. 60
Un service à Blanchard. 60
L'Original et la Copie. 60
Une rivière dans le dos. 90
Cinq Gaillards dont deux Gaillardes. 60
Un Frère terrible. 60
Une Vengeance. 60
Une petite Fille de la Grande Armée. 60
La Fille d'Hoffmann. 60
Un soufflet n'est jamais perdu. 60
Les Femmes de Gavarni. 1 »
La Maîtresse d'été et la Maîtresse d'hiver. 60
Les Echelons du mari. 60

Les Néréides et les Cyclopes. 60
Poste restante. 60
Le Portier de sa Maison. 60
Les Compagnons d'Ulysse. 60
Le Roi des Drôles. 60
La Mère Moreau. 60
La Queue du Diable. 60
Le Bal de la Halle. 60
Méridien. 60
La première Maîtresse. 60
La Jolie Meunière. 60
La tante Ursule. 60
Mademoiselle de Navailles. 60
Prunes et Chinois. 60
Histoire d'une Femme mariée. 60
Les Mystères d'Udolphe. 1 »
Une Poule Mouillée. 60
Sullivan. 1 »
Taconnet. 60